Yéble Martine-Blanche OGA-POUPIN

Panafricanisme, Fédérations et Confédérations d'États

Yéble Martine-Blanche OGA-POUPIN

# Panafricanisme, Fédérations et Confédérations d'États

## Théories, Structures et Dynamiques Comparées – Vers une théorie panafricanologique des unions d'États

Dictus Publishing

Cover image: www.ingimage.com

Publisher:
Dictus Publishing
is a trademark of
Dodo Books Indian Ocean Ltd. and OmniScriptum S.R.L publishing group

120 High Road, East Finchley, London, N2 9ED, United Kingdom
Str. Armeneasca 28/1, office 1, Chisinau MD-2012, Republic of Moldova, Europe
Managing Directors: Ieva Konstantinova, Victoria Ursu
info@omniscriptum.com

Printed at: see last page
**ISBN: 978-620-9-81905-6**

# Fédérations et Confédérations d'États : Théories, Structures et Dynamiques Comparées

Yéble Martine-Blanche OGA-POUPIN

A mon cher époux Roland POUPIN,

A mes chers enfants Sergine, Floriane, Dante et Mélissande

A mes petits-fils Simon, Raphaël, Odélia, Noa et Israël…

Ainsi qu'à mes descendants à naître…

Je dédie cet ouvrage.

# Avertissement

Cet essai est le résultat de mes souvenirs de Cours de Droit Constitutionnel et d'une recherche approfondie sur le site de Perplexity AI (Intelligence Artificielle). Ce site de recherches de l'Intelligence Artificielle qui est désormais pour moi un outil de recherches incontournable m'aide beaucoup.

Je voudrais préciser que je ne prends de vérifier les sources du chatgpt.com sur ce site, ni même de les citer. D'où, il n'y a pas de notes de bas de pages dans certains de mes essais comme celui-ci.

Toutefois, et par prudence, je demande toujours à Perplexity de me fournir une source bibliographique, que je joins à la fin de mes essais. C'est naturellement le cas de cet essai, ceci, pour aider celles et ceux de mes lecteurs qui souhaiteraient poursuivre leurs recherches, sur les mêmes sujets et thématiques que j'aborde.

# Préface

L'histoire des idées politiques est jalonnée de tentatives pour penser l'unité dans la diversité, pour organiser la coexistence des peuples sans abolir leur singularité, et pour concilier souveraineté et coopération. De la cité antique aux grands ensembles contemporains, cette quête n'a cessé de se renouveler, révélant à chaque époque les tensions constitutives du politique.

L'ouvrage que le lecteur s'apprête à découvrir s'inscrit pleinement dans cette tradition intellectuelle, tout en la renouvelant de manière significative. En proposant une analyse rigoureuse des fédérations et des confédérations d'États, il ne se contente pas de revisiter des catégories classiques du droit constitutionnel et de la science politique. Il en révèle les limites, en souligne les évolutions, et en propose une relecture dynamique.

Dans un monde marqué par l'intensification des interdépendances, la montée des régionalismes et la recomposition des puissances, la question des formes d'union politique revêt une actualité particulière. Les modèles traditionnels, longtemps considérés comme stabilisés, apparaissent aujourd'hui en mutation, voire en tension. L'analyse proposée dans cet ouvrage permet d'en saisir toute la complexité.

Mais la portée de ce travail dépasse largement le cadre d'une étude comparative.

En élaborant une théorie panafricanologique des unions d'États, l'auteur introduit une perspective originale, à la fois ancrée dans les réalités historiques africaines et ouverte aux enjeux globaux contemporains. Il ne s'agit plus seulement d'analyser des modèles existants, mais de penser les conditions d'émergence d'une forme d'union politique adaptée à un espace marqué par une unité civilisationnelle profonde et une fragmentation étatique persistante.

Cette approche s'inscrit dans le prolongement des réflexions de Kwame Nkrumah, tout en les dépassant par une systématisation théorique et une formalisation institutionnelle. Elle offre ainsi un cadre conceptuel nouveau pour penser l'intégration africaine, non comme une simple option politique, mais comme une nécessité historique.

La force de cet ouvrage réside dans sa double ambition : scientifique et normative. Scientifique, par la rigueur de ses analyses et la précision de ses concepts. Normative, par la clarté de ses propositions et la portée de ses perspectives.

En ce sens, il s'adresse à un public large : chercheurs, étudiants, décideurs politiques, mais également à tous ceux qui s'interrogent sur l'avenir des formes politiques dans un monde en transformation.

À l'heure où les équilibres internationaux se redéfinissent, où les États cherchent de nouvelles modalités d'action collective, et où les continents interrogent leur propre unité, ce livre apporte une contribution précieuse.

Il invite à penser autrement.

Il invite à penser plus loin.

Il invite, surtout, à penser l'unité comme un projet.

Tel est le mérite de cet ouvrage : ouvrir un espace de réflexion et, peut-être, contribuer à dessiner les contours d'un avenir politique encore en devenir.

# Introduction générale

L'histoire des organisations politiques témoigne d'une tension constante entre deux exigences fondamentales : la préservation de la souveraineté des entités politiques et la nécessité d'une unité supérieure capable de garantir la stabilité, la sécurité et le développement collectif. C'est dans cette dialectique que s'inscrivent les formes d'union d'États que sont la fédération et la confédération.

Depuis les réflexions de Montesquieu sur la modération du pouvoir jusqu'aux constructions institutionnelles modernes inspirées notamment par Alexander Hamilton, la question de l'articulation entre unité politique et pluralité étatique constitue un enjeu central de la pensée politique et constitutionnelle. La fédération apparaît ainsi comme une forme d'intégration avancée reposant sur une souveraineté partagée et une hiérarchie normative, tandis que la confédération incarne une union plus souple, fondée sur la coopération volontaire d'États souverains.

Dans un contexte contemporain marqué par la mondialisation, l'intensification des interdépendances et la recomposition des espaces géopolitiques, ces deux modèles connaissent un regain d'intérêt. L'évolution d'organisations telles que Union européenne illustre les tensions entre logique fédérale et logique confédérale, révélant l'émergence de formes hybrides d'intégration politique.

La problématique centrale de cet ouvrage est la suivante : **dans quelle mesure les modèles fédéral et confédéral permettent-ils de concilier unité politique et respect des souverainetés étatiques, et lequel de ces modèles apparaît le plus adapté aux défis contemporains ?**

L'hypothèse défendue est que la fédération constitue un modèle plus stable et plus efficace en termes de gouvernance, mais que la confédération conserve une pertinence stratégique dans les contextes où la souveraineté demeure un principe non négociable.

La méthodologie adoptée repose sur une approche pluridisciplinaire, croisant le droit constitutionnel, la science politique et l'analyse comparative. L'étude s'appuie sur des exemples historiques et contemporains afin de dégager des régularités structurelles et fonctionnelles.

Enfin, l'intérêt de cette recherche dépasse le cadre strictement théorique. Elle ouvre des perspectives normatives, notamment pour les projets d'intégration régionale, en particulier dans les espaces africains et diasporiques, où la question de l'unité politique se pose avec une acuité renouvelée.

En effet, cet ouvrage propose une analyse systématique des deux grandes formes d'union d'États que sont la fédération et la confédération. À travers une approche comparative rigoureuse, il met en évidence leurs fondements théoriques, leurs structures institutionnelles et leurs dynamiques de fonctionnement.
L'étude montre que ces modèles, souvent présentés comme opposés, s'inscrivent en réalité dans un continuum évolutif, caractérisé par des formes hybrides et des transitions historiques.

Mais l'apport majeur de cet ouvrage réside dans l'élaboration d'une **théorie panafricanologique des unions d'États**. En s'appuyant notamment sur la pensée de Kwame Nkrumah, l'auteur propose un cadre conceptuel original fondé sur :

- l'unité civilisationnelle africaine
- la fragmentation étatique héritée
- la nécessité d'une intégration progressive

Le concept central d'« union graduée des souverainetés » permet de dépasser l'opposition classique entre fédération et confédération, en proposant un modèle dynamique adapté aux réalités africaines et diasporiques.

L'ouvrage débouche sur une proposition institutionnelle concrète : une **confédération évolutive à vocation fédérale**, articulée autour d'institutions politiques, économiques et juridiques.

À la fois théorique et normatif, ce livre constitue une contribution originale à la science politique contemporaine et aux débats sur l'intégration régionale.

Ce livre est composé de quatre parties :

- Première Partie : Généralités
- Deuxième Partie : L'organisation et le fonctionnement d'une Fédération d'États
- Troisième partie : Fédération d'États et Confédération d'États : convergences et divergences
- Quatrième Partie : Panafricanisme, Fédéralisme et Confédéralisme

# Première Partie

# Généralités

## 1. Tableau comparatif : fédération vs confédération

| Critères | Fédération d'États | Confédération d'États |
|---|---|---|
| Nature juridique | État composé | Association d'États souverains |
| Souveraineté | Partagée | Conservée par les États |
| Constitution | Constitution fédérale | Traité international |
| Pouvoir central | Fort | Faible |
| Décisions | Majorité | Souvent unanimité |
| Citoyenneté | Double (fédérale + fédérée) | Nationale uniquement |
| Droit applicable | Supériorité du droit fédéral | Primauté du droit national |
| Exemples | États-Unis, Allemagne | Confédération américaine, Union européenne |
| Stabilité | Élevée | Fragile |
| Intégration | Forte | Faible à moyenne |

## 2. Orientation militante / Panafricanologique

Vers un modèle d'union politique panafricaniste : entre fédéralisme et confédéralisme

L'analyse comparative des modèles fédéral et confédéral ne saurait demeurer un exercice purement académique. Elle appelle une projection politique, en particulier dans les espaces où l'histoire a fragmenté des ensembles humains pourtant porteurs d'une unité civilisationnelle profonde. Tel est le cas de l'Afrique et de ses diasporas.

Le panafricanisme, dans ses différentes expressions historiques, a oscillé entre une vision fédéraliste — incarnée notamment par Kwame Nkrumah — et une approche plus confédérale, privilégiant la coopération entre États indépendants. Cette tension reflète une réalité structurelle : la difficulté de concilier souveraineté nationale et unité politique continentale.

Dans une perspective panafricanologique, il apparaît nécessaire de dépasser cette opposition classique pour envisager un modèle synthétique. Celui-ci pourrait prendre la forme d'une **confédération évolutive à vocation fédérale**, reposant sur plusieurs principes :

- respect initial des souverainetés étatiques
- mise en place progressive d'institutions communes
- transfert graduel de compétences stratégiques
- construction d'une citoyenneté panafricaine

Une telle approche permettrait d'éviter les résistances politiques tout en inscrivant le projet dans une dynamique d'intégration irréversible.

L'exemple de Union africaine montre toutefois les limites d'une coopération interétatique insuffisamment contraignante. Sans mécanismes décisionnels efficaces ni autorité supranationale forte, les projets d'intégration risquent de demeurer symboliques.

Dès lors, l'enjeu majeur pour le panafricanisme contemporain est de franchir un seuil qualitatif : passer d'une logique de coordination à une logique d'intégration. Cela suppose une volonté politique affirmée, mais également une refondation théorique des modèles d'union d'États adaptés aux réalités africaines.

Ainsi, loin de constituer des modèles figés, la fédération et la confédération doivent être appréhendées comme des **outils conceptuels au service d'un projet politique supérieur : l'unité dans la diversité**.

## 3. Manifeste politique pour une Union Panafricaine

Manifeste pour l'Union Politique de l'Afrique et de ses Diasporas

L'Afrique n'est pas un espace à construire : elle est une réalité historique, culturelle et civilisationnelle à unifier politiquement.

Depuis les indépendances, les États africains ont reconquis leur souveraineté formelle sans parvenir à transformer celle-ci en puissance collective. Fragmentée, dépendante et vulnérable, l'Afrique demeure en deçà de son potentiel historique.

Dans la lignée des visions portées par Kwame Nkrumah, l'unité politique du continent ne relève ni d'un idéal abstrait ni d'une utopie militante : elle constitue une nécessité stratégique.

Nous affirmons que :

- **La souveraineté nationale, isolée, est une souveraineté diminuée**
- **L'unité politique est la condition de la puissance économique, diplomatique et militaire**
- **La diversité des États africains est une richesse à organiser, non un obstacle à dépasser**

Nous appelons à la construction d'une **Union politique panafricaine** fondée sur :

## 1. Une confédération initiale

Respectant les souverainetés étatiques tout en organisant la coopération stratégique.

## 2. Une dynamique fédérale progressive

Transfert graduel de compétences vers des institutions communes.

## 3. Des institutions fortes et légitimes

- Parlement panafricain
- Exécutif continental
- Cour de justice

## 4. Une citoyenneté panafricaine

Fondée sur la libre circulation, les droits communs et l'identité partagée.

## 5. Une autonomie stratégique

- Défense commune
- Politique économique coordonnée
- Souveraineté technologique et monétaire

L'expérience de Union africaine montre les limites d'une intégration faible. L'heure n'est plus à la simple coopération : elle est à la **construction politique**.

Nous affirmons que le XXI$^{e}$ siècle sera celui des grands ensembles. L'Afrique unie ne doit pas en être spectatrice, mais actrice.

**L'unité n'est pas une option. Elle est une exigence historique.**

# Deuxième Partie

# L'organisation et le fonctionnement d'une Fédération d'États

# Chapitre 1

## Fondements théoriques du fédéralisme

Le fédéralisme constitue l'une des formes les plus élaborées d'organisation politique des sociétés complexes. Il répond à une exigence fondamentale : concilier l'unité d'un ensemble politique avec la diversité des entités qui le composent.

D'un point de vue conceptuel, le fédéralisme repose sur l'idée d'un partage de la souveraineté entre un pouvoir central et des entités fédérées. Contrairement à l'État unitaire, où la souveraineté est indivisible, et à la confédération, où elle demeure intégralement entre les mains des États membres, la fédération institue une souveraineté duale, organisée juridiquement et politiquement.

Les racines du fédéralisme moderne se trouvent dans la pensée politique classique, notamment chez Montesquieu, qui voyait dans la répartition des pouvoirs un moyen de prévenir la tyrannie. Toutefois, c'est dans l'expérience constitutionnelle américaine que le fédéralisme trouve sa formalisation la plus aboutie. Les écrits de Alexander Hamilton, de James Madison et de John Jay, réunis dans *The Federalist Papers*, constituent une référence majeure en la matière.

Le principe fondamental du fédéralisme réside dans la **superposition des ordres juridiques**. Il existe un ordre juridique fédéral, doté de la primauté, et des ordres juridiques fédérés, autonomes dans leurs domaines de compétence. Cette architecture implique une répartition constitutionnelle des pouvoirs, généralement organisée selon trois catégories :

- compétences exclusives du pouvoir fédéral
- compétences réservées aux entités fédérées
- compétences partagées

Le fonctionnement du système fédéral repose également sur des mécanismes d'équilibre et de coopération. Les institutions centrales — exécutif, législatif et judiciaire —

assurent la cohérence de l'ensemble, tandis que les entités fédérées participent à la prise de décision, souvent par le biais d'une seconde chambre parlementaire.

Toutefois, le fédéralisme n'est pas un modèle figé. Il connaît des variations importantes selon les contextes historiques et politiques. Ainsi, les fédérations peuvent être plus ou moins centralisées, plus ou moins intégrées, selon les choix constitutionnels opérés.

Enfin, le fédéralisme apparaît comme une réponse particulièrement adaptée aux sociétés pluralistes, caractérisées par des diversités culturelles, linguistiques ou territoriales. Il permet d'articuler unité et diversité dans un cadre institutionnel stable, tout en offrant des perspectives d'intégration politique approfondie.

# Chapitre 2

## Fondements théoriques du fédéralisme

Le fédéralisme constitue une forme d'organisation politique visant à articuler l'unité d'un ensemble étatique avec la diversité de ses composantes territoriales et politiques. Il repose sur un principe fondamental : la division constitutionnelle du pouvoir entre un niveau central et des entités fédérées dotées d'une autonomie garantie.

Contrairement à l'État unitaire, caractérisé par l'unicité du centre de décision, le système fédéral instaure une pluralité d'autorités politiques coordonnées. À l'inverse de la confédération, où les États conservent l'intégralité de leur souveraineté, la fédération implique une **souveraineté partagée**, juridiquement organisée.

Les fondements théoriques du fédéralisme trouvent leur origine dans la pensée classique, notamment chez Montesquieu, pour qui la distribution du pouvoir constitue un rempart contre la concentration autoritaire. Cette réflexion est approfondie dans le contexte constitutionnel américain par Alexander Hamilton, James Madison et John Jay, qui conceptualisent une architecture politique conciliant unité nationale et autonomie locale.

Le fédéralisme repose ainsi sur trois principes structurants :

- la dualité des ordres juridiques
- la répartition constitutionnelle des compétences
- la participation des entités fédérées au pouvoir central

Il constitue une réponse institutionnelle particulièrement adaptée aux sociétés marquées par la diversité territoriale, culturelle ou linguistique.

# Chapitre 3

# Structure institutionnelle d'une fédération

La fédération se caractérise par une architecture institutionnelle complexe reposant sur une Constitution suprême, qui fixe les règles d'organisation et de répartition des compétences.

## 1. La Constitution fédérale

Elle constitue la norme juridique suprême. Elle organise :

- la répartition des pouvoirs
- les institutions centrales
- les droits fondamentaux

Elle s'impose à l'ensemble des entités fédérées, consacrant la primauté du droit fédéral.

## 2. La répartition des compétences

Trois catégories principales sont généralement distinguées :

- compétences exclusives fédérales (défense, monnaie, diplomatie)
- compétences exclusives des États fédérés
- compétences concurrentes ou partagées

Cette répartition vise à éviter les conflits tout en garantissant l'efficacité de l'action publique.

## 3. Les institutions fédérales

- **Pouvoir exécutif** : assure la direction politique
- **Pouvoir législatif** : souvent bicaméral
- **Pouvoir judiciaire** : garantit l'interprétation de la Constitution

La présence d'une cour constitutionnelle ou suprême est essentielle pour arbitrer les conflits de compétences.

# Chapitre 4

# Fonctionnement politique du système fédéral

Le fonctionnement d'une fédération repose sur un équilibre dynamique entre autonomie des entités fédérées et cohérence de l'ensemble.

## 1. Relations entre centre et entités fédérées

Ces relations oscillent entre :

- coopération institutionnelle
- coordination politique
- tensions liées aux compétences

## 2. Mécanismes de coopération

- conférences intergouvernementales
- participation des États à la législation
- politiques publiques conjointes

## 3. Gestion des conflits

Les conflits de compétence sont inévitables. Ils sont résolus par :

- les juridictions constitutionnelles
- la négociation politique
- l'arbitrage institutionnel

# Chapitre 5

# Exemples de fédérations

L'analyse comparative permet de mettre en évidence la diversité des modèles fédéraux.

## 1. États-Unis

Modèle classique de fédéralisme, marqué par :

- une forte Constitution
- une Cour suprême influente
- un équilibre évolutif entre États et pouvoir fédéral

## 2. Allemagne

Fédéralisme coopératif caractérisé par :

- une forte coordination entre niveaux
- une participation des Länder au pouvoir central

## 3. Inde

Fédéralisme asymétrique :

- centralisation importante
- diversité territoriale et culturelle

Ces exemples illustrent la plasticité du modèle fédéral.

# Chapitre 6

## Forces et limites du fédéralisme

### 1. Forces

- Cohésion politique renforcée
- Capacité d'adaptation aux diversités
- Stabilité institutionnelle
- Efficacité à grande échelle

### 2. Limites

- Risque de centralisation excessive
- Complexité institutionnelle
- Conflits de compétences
- Inégalités territoriales

# Conclusion de la Première Partie

La fédération apparaît comme une forme avancée d'organisation politique, capable de concilier unité et diversité. Toutefois, son efficacité dépend étroitement de l'équilibre entre pouvoir central et autonomie locale.

# Tableau typologique avancé des unions d'États

## Typologie dynamique : du confédéralisme au fédéralisme

| Type | Caractéristiques principales | Degré d'intégration | Exemples |
|---|---|---|---|
| **Confédération classique** | Souveraineté totale des États, coopération minimale | Très faible | Confédération américaine |
| **Confédération fonctionnelle** | Coopération sectorielle (économie, défense) | Faible | Union africaine |
| **Confédération évolutive** | Institutions communes en développement | Faible à moyen | Union européenne |
| **Fédération décentralisée (faible)** | Pouvoir central limité | Moyen | Suisse |
| **Fédération équilibrée** | Répartition stable des compétences | Élevé | Allemagne |
| **Fédération centralisée (forte)** | Pouvoir fédéral dominant | Très élevé | Inde |
| **Fédération intégrée (quasi unitaire)** | Centralisation avancée | Maximum | États-Unis (évolution contemporaine) |

---

## Lecture analytique de la typologie

Cette typologie met en évidence :

## 1. Une continuité structurelle

Il n'existe pas de rupture nette entre confédération et fédération, mais un **continuum évolutif**.

## 2. Une dynamique historique

De nombreuses unions évoluent :

- confédération → fédération
- coopération → intégration

## 3. Une clé pour le panafricanisme

Le modèle le plus pertinent pourrait être :

- une **confédération évolutive**
- orientée vers une **fédération équilibrée**

# Deuxième partie

# l'Organisation et le Fonctionnement d'une Confédération d'États

# Chapitre 1

## Fondements théoriques du confédéralisme

La confédération d'États constitue une forme d'organisation politique fondée sur la coopération entre États souverains, sans remise en cause de leur indépendance juridique et politique. Elle se distingue fondamentalement de la fédération en ce qu'elle ne crée pas un État nouveau, mais organise une association d'États préexistants.

Sur le plan théorique, le confédéralisme repose sur une conception **pluraliste et contractuelle de la souveraineté**. Chaque État demeure titulaire de la souveraineté, qu'il consent à limiter de manière ponctuelle et réversible dans le cadre d'un accord commun.

Cette conception s'inscrit dans la tradition contractualiste, héritée notamment de Jean-Jacques Rousseau, pour qui toute association politique procède d'un pacte volontaire. Toutefois, à la différence du contrat social interne à un État, la confédération repose sur un **traité international**, et non sur une constitution.

Le confédéralisme se caractérise ainsi par trois principes fondamentaux :

- la souveraineté intégrale des États membres
- la nature conventionnelle de l'union
- la réversibilité de l'engagement

Il constitue une forme d'organisation adaptée aux contextes où les États souhaitent coopérer sans renoncer à leur indépendance.

# Chapitre 2

# Structure institutionnelle d'une confédération

La structure institutionnelle d'une confédération reflète sa nature interétatique. Elle est généralement plus souple et moins hiérarchisée que celle d'une fédération.

## 1. Le traité confédéral

Acte fondateur de la confédération, il définit :

- les objectifs communs
- les compétences transférées
- les règles de fonctionnement

Contrairement à une constitution, il ne crée pas une souveraineté supérieure.

## 2. Les organes confédéraux

Ils sont généralement limités et composés de représentants des États :

- conseil des chefs d'État ou de gouvernement
- assemblée consultative
- secrétariat ou commission

Ces organes ne disposent pas d'un pouvoir autonome, mais agissent au nom des États membres.

## 3. Absence de hiérarchie normative

Le droit confédéral ne prime pas nécessairement sur le droit national. Son application dépend souvent de la volonté des États.

# Chapitre 3

# Fonctionnement politique du système confédéral

Le fonctionnement d'une confédération repose sur des mécanismes de coopération volontaire.

## 1. Prise de décision

La règle dominante est celle de :

- l'unanimité
- ou du consensus

Ce mode de décision garantit la souveraineté des États, mais limite l'efficacité.

## 2. Mise en œuvre des décisions

Les décisions confédérales sont généralement :

- non contraignantes
- ou dépendantes de la transposition nationale

## 3. Coopération interétatique

Elle peut concerner :

- la défense
- l'économie
- la diplomatie

Cependant, elle demeure sectorielle et variable.

# Chapitre 4

# Exemples de confédérations

## 1. Confédération américaine (Articles of Confederation)

- Union fragile
- Faible pouvoir central
- Transition vers une fédération

## 2. Suisse

- Origine confédérale
- Évolution vers un État fédéral

## 3. Union européenne

- Modèle hybride
- Tensions entre logique confédérale et fédérale
- Intégration progressive

Ces exemples montrent que la confédération est souvent une **forme transitoire**.

## 2. Schéma pyramidal (modèle fédéral / confédéral)

## Architecture hiérarchique d'une Union d'États

Niveau 1 : autorité centrale (fédérale ou confédérale renforcée)

- Institutions communes
- Pouvoir décisionnel stratégique
- Coordination globale

## ▽ Niveau 2 : états membres

- Souveraineté partielle ou totale
- Autonomie politique interne
- Application des décisions communes

## ∇ Niveau 3 : collectivités infra-étatiques

- Régions / provinces
- Gouvernance locale
- Proximité avec les citoyens

▽ Niveau 4 : citoyens

- Citoyenneté nationale et/ou fédérale
- Participation démocratique
- Base de légitimité politique

Lecture du schéma

- Dans une **fédération** : hiérarchie forte (sommet dominant)
- Dans une **confédération** : hiérarchie atténuée (États dominants)
- Dans un modèle hybride : équilibre dynamique

# Chapitre 5

# Forces et limites du confédéralisme

## 1. Forces

- Respect de la souveraineté
- Flexibilité institutionnelle
- Adaptabilité politique
- Acceptabilité par les États

## 2. Limites

- Faible efficacité décisionnelle
- Absence de contrainte juridique forte
- Difficulté à gérer les crises
- Risque de désintégration

## Conclusion de la Deuxième Partie

La confédération apparaît comme une forme souple d'organisation politique, adaptée aux contextes de coopération interétatique. Toutefois, ses limites structurelles en font un modèle souvent instable ou transitoire vers des formes plus intégrées.

# Troisième partie

# Fédération d'États et Confédération d'États : convergences et divergences

# Chapitre 1

## Analyse comparative des structures juridiques

La distinction entre fédération et confédération repose, en première analyse, sur leur nature juridique. La fédération constitue un **État composé**, doté d'une personnalité juridique unique, tandis que la confédération demeure une **association d'États souverains**, sans personnalité étatique propre pleinement intégrée.

Dans la fédération, la Constitution organise une hiérarchie normative claire, caractérisée par la primauté du droit fédéral. À l'inverse, la confédération repose sur un traité international, dont l'effectivité dépend de la volonté des États membres.

Toutefois, cette opposition tend à se relativiser dans les formes contemporaines d'intégration. L'évolution de Union européenne illustre l'émergence d'ordres juridiques intermédiaires, combinant des éléments de supranationalité et de coopération intergouvernementale.

Ainsi, la distinction classique doit être réinterprétée à l'aune des transformations contemporaines du droit public.

# Chapitre 2

## Comparaison des dynamiques politiques

Au-delà des structures juridiques, les différences entre fédération et confédération se manifestent dans leurs dynamiques politiques.

La fédération repose sur une logique d'intégration politique. Elle suppose l'existence d'institutions capables d'imposer des décisions à l'ensemble des entités fédérées. Cette capacité décisionnelle favorise la cohésion et l'efficacité, notamment en période de crise.

À l'inverse, la confédération fonctionne selon une logique de coordination. Les décisions résultent d'un consensus entre États, ce qui garantit leur souveraineté, mais limite la rapidité et l'efficacité de l'action collective.

Cette distinction se révèle particulièrement déterminante dans la gestion des crises :

- les fédérations tendent à centraliser les réponses
- les confédérations privilégient la concertation

Cependant, cette opposition n'est pas absolue. Certaines confédérations développent des mécanismes de décision majoritaire, tandis que certaines fédérations connaissent des dynamiques de décentralisation.

# Chapitre 3

## Typologie des unions d'États et formes hybrides

L'analyse comparée met en évidence l'existence de formes intermédiaires entre fédération et confédération.

Ces formes hybrides se caractérisent par :

- une combinaison de souveraineté nationale et de supranationalité
- une pluralité de niveaux de gouvernance
- une évolution progressive des structures institutionnelles

Le cas de Union européenne est emblématique de cette hybridation. Elle présente :

- des éléments confédéraux (rôle des États)
- des éléments fédéraux (droit supranational)

Cette hybridation confirme l'existence d'un **continuum institutionnel**, au sein duquel les unions d'États évoluent en fonction de leurs besoins et de leurs contraintes.

# Chapitre 4

## Enjeux contemporains des unions d'États

Dans un contexte de mondialisation, les unions d'États apparaissent comme des instruments privilégiés de gouvernance.

Elles répondent à plusieurs défis majeurs :

- interdépendance économique
- sécurité collective
- gouvernance environnementale
- régulation des flux migratoires

Cependant, elles sont confrontées à des tensions structurelles :

- montée des souverainismes
- crise de légitimité démocratique
- inégalités entre États membres

Ces tensions interrogent la capacité des modèles fédéral et confédéral à répondre aux défis contemporains.

# Chapitre 5

## Perspectives théoriques et politiques

L'analyse comparée conduit à envisager une évolution des modèles traditionnels.

Trois perspectives principales peuvent être dégagées :

### 1. L'approfondissement fédéral

Renforcement des institutions communes et de la supranationalité.

### 2. Le maintien confédéral

Préservation de la souveraineté des États et coopération renforcée.

### 3. Le modèle hybride évolutif

Combinaison progressive des deux logiques.

Dans cette perspective, l'enjeu n'est pas de choisir entre fédération et confédération, mais de concevoir des architectures institutionnelles adaptées aux contextes historiques et géopolitiques.

# Conclusion de la Troisième Partie

La distinction entre fédération et confédération, bien que structurante, ne saurait être envisagée de manière rigide. Les unions d'États doivent être pensées comme des systèmes évolutifs, capables d'intégrer des degrés variables d'intégration politique.

# Quatrième Partie

# Panafricanisme, Fédéralisme et Confédéralisme

# Chapitre 1

# Modèle institutionnel panafricain détaillé

## (Architecture constitutionnelle complète)

## I. Principes fondateurs

Le modèle proposé repose sur une **confédération évolutive à vocation fédérale**, inspirée notamment des idées de Kwame Nkrumah.

Principes directeurs

- Souveraineté partagée
- Unité dans la diversité
- Intégration progressive
- Subsidiarité
- Solidarité continentale

## II. Constitution panafricaine (structure)

Préambule

- Affirmation de l'unité africaine
- Référence historique et diasporique
- Engagement démocratique

## Titre I : Des compétences

- Compétences exclusives :
    - défense
    - politique étrangère
    - monnaie
- Compétences partagées :
    - économie
    - environnement
    - infrastructures
- Compétences nationales :
    - culture
    - éducation
    - administration interne

## III. Institutions panafricaines

### 1. Pouvoir législatif

Parlement bicaméral

- Chambre des peuples
- Chambre des États

Fonctions :

- élaboration des lois
- contrôle de l'exécutif

### 2. Pouvoir exécutif

Gouvernement panafricain

- Président élu
- Conseil exécutif

Fonctions :

- mise en œuvre des politiques
- représentation internationale

### 3. Pouvoir judiciaire

Cour de justice panafricaine

- Garantie de la Constitution
- Arbitrage des conflits

### 4. Institutions complémentaires

- Banque centrale panafricaine
- Agence de défense commune
- Autorité économique continentale

## IV. Fonctionnement politique

- Décision à majorité qualifiée
- Coopération renforcée
- Intégration progressive

## V. Citoyenneté panafricaine

- Double citoyenneté
- Liberté de circulation
- Droits politiques communs

## VI. Stratégie d'intégration

### Phase 1 : Confédération

Renforcement de Union africaine

### Phase 2 : Intégration progressive

Transfert de compétences

### Phase 3 : Fédération

Institutionnalisation complète

## Conclusion générale du modèle

Ce modèle propose une voie réaliste et progressive vers l'unité politique africaine. Il articule pragmatisme institutionnel et ambition stratégique.

# Chapitre 2

# comparatif (niveau doctoral)

# Fédération et Confédération : Une théorie générale des unions d'États

## 1. Problématique générale

L'opposition classique entre fédération et confédération repose sur une distinction juridique et politique fondamentale : celle de la souveraineté. Toutefois, cette opposition, souvent présentée comme binaire, mérite d'être repensée dans une perspective théorique plus large.

La question centrale devient alors :

Les formes d'union d'États doivent-elles être pensées comme des catégories fixes ou comme les manifestations d'un continuum institutionnel ?

## 2. Souveraineté : unicité, partage et pluralité

Dans la fédération, la souveraineté est **partagée** entre deux niveaux de pouvoir. Dans la confédération, elle est **juxtaposée** entre plusieurs États indépendants.

Cette distinction renvoie à trois modèles théoriques :

- souveraineté unitaire (État unitaire)
- souveraineté duale (fédération)
- souveraineté plurielle (confédération)

Cependant, l'évolution contemporaine tend à brouiller ces catégories, notamment sous l'effet de la mondialisation et des intégrations régionales.

## 3. Hiérarchie normative et production du droit

La fédération se caractérise par :

- une hiérarchie normative
- la primauté du droit fédéral
- un système juridictionnel intégré

La confédération, en revanche, repose sur :

- une absence de hiérarchie forte
- une production juridique interétatique
- une dépendance à la volonté des États

Toutefois, certains systèmes hybrides introduisent des formes de supranationalité partielle.

## 4. Logiques d'intégration : coopération vs intégration

Deux logiques fondamentales s'opposent :

### Logique confédérale

- coopération
- coordination
- souveraineté préservée

### Logique fédérale

- intégration
- centralisation relative

- souveraineté partagée

L'analyse montre que ces logiques peuvent coexister au sein d'un même système.

## 5. Théorie du continuum institutionnel

L'approche la plus pertinente consiste à envisager les unions d'États comme un **continuum évolutif** :

Confédération → Confédération évolutive → Fédération → État intégré

Ce continuum permet de comprendre :

- les transitions historiques
- les formes hybrides
- les dynamiques d'intégration

## 6. Dynamique des transformations institutionnelles

L'histoire montre que les confédérations tendent à évoluer vers des formes fédérales sous l'effet de :

- crises politiques
- nécessités économiques
- pressions géopolitiques

Inversement, certaines fédérations peuvent connaître des tendances à la décentralisation.

## 7. Vers une théorie générale des unions d'États

Une théorie générale doit intégrer :

- la variabilité des formes institutionnelles
- la dynamique historique
- les contextes géopolitiques

Elle conduit à dépasser l'opposition binaire pour penser en termes de :

- degrés d'intégration
- niveaux de souveraineté
- modes de gouvernance

## Conclusion générale du chapitre

La distinction entre fédération et confédération, bien qu'essentielle, ne saurait être absolutisée. Elle doit être intégrée dans une approche dynamique et graduelle des formes d'union politique.

Ainsi, les unions d'États apparaissent moins comme des catégories figées que comme des **processus évolutifs**, dont la compréhension est essentielle pour penser les recompositions politiques contemporaines.

# Chapitre 3

# Théorie panafricanologique des unions d'États

*(Approche doctrinale, systémique et normative)*

## I. Problématique fondatrice

L'histoire politique africaine contemporaine est marquée par une contradiction structurelle :

- d'une part, une **fragmentation étatique héritée**
- d'autre part, une **unité civilisationnelle profonde**

Les modèles classiques — fédération et confédération —, élaborés dans des contextes occidentaux, ne suffisent pas à rendre compte de cette réalité.

La question centrale devient alors :

**Comment penser une forme d'union d'États adaptée à la réalité historique, culturelle et géopolitique de l'Afrique et de ses diasporas ?**

## II. Postulats de la Panafricanologie politique

La théorie panafricanologique repose sur cinq postulats fondamentaux :

### 1. Postulat d'unité civilisationnelle

L'Afrique constitue une unité historique, culturelle et anthropologique, au-delà des frontières étatiques.

2. Postulat de fragmentation politique

Les États africains sont des constructions historiques discontinues, souvent exogènes.

3. Postulat de souveraineté insuffisante

La souveraineté étatique isolée est structurellement limitée dans un contexte globalisé.

4. Postulat d'interdépendance

Les États africains sont objectivement interdépendants (économie, sécurité, culture).

5. Postulat d'intégration nécessaire

L'unité politique n'est pas un choix idéologique, mais une nécessité stratégique.

Ces postulats prolongent et systématisent les intuitions politiques de Kwame Nkrumah, en leur donnant une portée théorique structurée.

## III. Critique des modèles classiques

1. Limites du fédéralisme classique
    - Modèle souvent centralisateur
    - Risque d'uniformisation
    - Difficulté d'adaptation à des diversités profondes

### 2. Limites du confédéralisme classique

- Faible contrainte institutionnelle
- Inefficacité décisionnelle
- Instabilité structurelle

### 3. Insuffisance de l'hybridation empirique

Les formes hybrides existantes, comme Union européenne, restent marquées par leur contexte propre et ne constituent pas des modèles universels transposables.

## IV. Concept central : l'union graduée des souverainetés

La théorie panafricanologique introduit un concept fondamental :

### L'Union graduée des souverainetés

Il s'agit d'un modèle dans lequel la souveraineté n'est ni :

- abandonnée (fédération classique)
- ni figée (confédération classique)

Mais **progressivement transférée, articulée et recomposée**.

## V. Les trois niveaux de souveraineté panafricanologique

### 1. Souveraineté nationale

- Identité politique
- Légitimité locale
- Gouvernance interne

### 2. Souveraineté continentale

- Défense
- diplomatie
- économie stratégique

### 3. Souveraineté civilisationnelle

- Culture
- mémoire historique
- diaspora

Cette triple souveraineté constitue une innovation doctrinale majeure.

## VI. Principe de subsidiarité renforcée

La Panafricanologie propose une relecture du principe de subsidiarité :

- ce qui peut être fait localement doit l'être
- ce qui nécessite l'échelle continentale doit être centralisé

Mais avec une dimension supplémentaire :

☞ **la subsidiarité stratégique**, orientée vers la puissance collective.

## VII. modèle structurel : la Confédération évolutive à finalité fédérale

Le modèle panafricanologique repose sur une dynamique en trois phases :

### Phase 1 : Confédération fonctionnelle

- Coopération sectorielle
- Respect total des souverainetés

### Phase 2 : Confédération intégrative

- Institutions communes renforcées
- Début de supranationalité

Phase 3 : Fédération panafricaine

- Souveraineté partagée
- Institutions pleinement opérationnelles

Ce modèle s'inscrit dans une logique historique déjà amorcée par Union africaine.

## VIII. Théorie du continuum panafricain

Contrairement à l'approche classique binaire, la panafricanologie propose :

### Un continuum panafricain d'intégration

Fragmentation → Coopération → Confédération → Fédération → Union intégrée

Ce continuum permet :

- d'éviter les ruptures brutales
- de gérer les résistances politiques
- d'assurer une progression irréversible

## IX. Dimension diastorique et diasporique

Innovation majeure de votre approche :

La Panafricanologie intègre :

- le temps long (histoire précoloniale, coloniale, postcoloniale)
- l'espace diasporique (Amériques, Europe, Caraïbes)

L’union d’États devient ainsi :

☝ **transcontinentale et transhistorique**

## X. Finalité : la puissance politique africaine

La théorie ne vise pas seulement l’organisation institutionnelle, mais une finalité :

Construire une puissance politique africaine

- autonomie stratégique
- souveraineté économique
- influence internationale

## XI. Portée doctrinale

La théorie panafricanologique des unions d’États constitue :

- une **théorie politique originale**
- une **alternative aux modèles occidentaux**
- un **outil stratégique pour les décideurs**
- un **cadre analytique pour la recherche académique**

## Conclusion doctrinale

La Panafricanologie ne se contente pas d'adapter les modèles existants. Elle propose une **reconceptualisation des unions d'États**, fondée sur la réalité africaine et orientée vers l'avenir.

Elle substitue à l'opposition classique fédération/confédération une logique dynamique, graduée et finalisée :

👉 **l'unité politique comme processus historique structuré**

# Chapitre 4

# Pourquoi je refuse la Fédération des États en Afrique continentale ; et pourquoi je recommande la Confédération des États en Afrique continentale ?

Ce chapitre est composé de quatre paragraphes :

- Paragraphe 1 : Tous les pères fondateurs du Panafricanisme n'étaient pas des Fédéralistes
- Paragraphe 2 : La Problématique des frontières ouvertes dans une Fédération des États
- Paragraphe 3 : Les liens de sujétions et de vassalité dans un État fédéral
- Paragraphe 4 : Le Panafricanisme esclavagiste favorable au Fédéralisme d'États en Afrique continentale

## Paragraphe 1 : Tous les pères fondateurs du Panafricanisme n'étaient pas des Fédéralistes

Contrairement à une idée répandue qui prétend que tous les pères fondateurs du Panafricanisme étaient des en faveur du Fédéralisme des États, il est utile de préciser que cette affirmation est fausse, et qu'elle n'est finalement qu'une rumeur.

En effet, les semeurs de trouble font croire que le projet panafricain était dès le départ, un projet fédéral, voire un projet fédéraliste. Il n'en est point question, ce ne fut absolument pas le cas, car les pères du Panafricanisme avaient chacun, une approche différente. Et qu'en définitive, à l'analyse des convergences et des divergences des vues des pères fondateurs du Panafricanisme, il n'y avait que le Ghanéen Kwame Nkrumah qui était favorable à un État fédéral africain.

Voir le tableau ci-dessous :

Tableau des Convergences et divergences doctrinales des pères fondateurs du Panafricanisme

| **Dimension** | William Edward Burghardt Du Bois dit **«W. E. B. Du Bois»** | **Marcus Garvey** | **Kwame Nkrumah** |
|---|---|---|---|
| Approche | Intellectuelle | Populaire | Politique |
| Stratégie | Diplomatique | Économique | Institutionnelle |
| Échelle | Internationale | Diasporique | Continentale |

## Paragraphe 2 : La Problématique des frontières ouvertes dans une Fédération des États

D'abord, une Fédération des États-Unis d'Afrique supprime les frontières entre les États africains. Cela suppose que les Africains soient éduqués au respect des autochtones. Ce qui n'est pas le cas !
Donnons quelques exemples :

1) En Amérique Fédérale, comme en Europe, dans l'Espace Schengen, où, les frontières sont supprimées, les citoyens sont bien éduqués. Donc, ils ne profitent pas de l'ouverture des frontières pour aller poser des bombes dans les États tiers, perpétrer des coups d'États dans les pays tiers, renverser des gouvernements et des chefs d'Etats qui ne leur plaisent pas, qu'ils n'agréent pas, dans un pays qui ne leur appartient pas !

2) En Amérique Fédérale, comme en Europe, dans l'Espace Schengen, où, les frontières sont supprimées, les citoyens sont éduqués. Donc, ils ne profitent pas de l'ouverture des frontières pour aller usurper des nationalités, participer à des scrutins électoraux, pour bourrer des urnes, et donner vainqueur, un candidat vaincu !

3) En Europe, dans l'Espace Schengen, où, les frontières sont supprimées, les citoyens sont éduqués. Donc, ils ne profitent pas de l'ouverture des frontières pour aller se porter candidats à la présidentielle dans un pays tiers où, ils ne sont ni autochtones, ni citoyens, ni natifs, pour devenir président de la république dans un pays étranger ; alors qu'ils sont des étrangers !

4) En Europe, dans l'Espace Schengen, où, les frontières sont supprimées, les citoyens sont éduqués. Donc, ils ne profitent pas de l'ouverture des frontières pour aller par

vagues successives, envahir des pays qui ne sont pas les leurs, spolier les autochtones de leurs terres, et remplacer les autochtones sur leurs terres !

Et j'en passe !

Les Africains/es que nous sommes, ne sommes pas éduqués pour respecter nos droits et nos obligations dans un pays étranger qui n'est pas le nôtre !
Donc, ouvrir les frontières de nos États, ce sera le chaos !
En l'espèce, on n'a pas besoin d'être un devin pour le savoir !

## Paragraphe 3 : Les liens de sujétions et de vassalité dans un État fédéral

Il existe indéniablement un lien de sujétion, un lien de vassalité entre une Fédération des États et ses États fédérés. En effet, la Fédéralisme méconnaît la souveraineté nationale des États fédérés. C'est pour cela qu'il n'est pas exagéré d'affirmer qu'il existe un Panafricanisme esclavagiste.

## Paragraphe 4 : Le Panafricanisme esclavagiste favorable au Fédéralisme d'États en Afrique continentale

Les partisans d'une Fédération des États-Unis d'Afrique ont pour projet d'asservir les États africains et par delà, les Africains eux-mêmes. Regroupés au sein d'une Fédération des États-Unis d'Afrique, les peuples africains seront réduits en esclavage, leur indépendance et leur souveraineté seront annihilées. C'est la Fédération des États-Unis d'Afrique qui gerera les ressources nationales des États, c'est elle qui définira les politiques publiques à conduire, empêchera le progrès et le développement des pays africains ! A ce sujet, le récent Le 9e Congrès panafricain qui s'est tenu à Lomé, au Togo, du 8 au 12 décembre 2025 a annoncé les couleurs !

En effet, d'après les échos que nous avons eus sur les réseaux sociaux venant du 9e Congrès panafricain qui s'est tenu à Lomé, au Togo, du 8 au 12 décembre 2025, la Fédération des États-Unis d'Afrique a clairement été définie avec six piliers qui sont :

- Le passeport Panafricain .
- La monnaie unique
- La famille
- L'école
- La santé (l'hôpital)
- La prison

Question essentielle et primordiale à se poser : quels sont les implications de ces six piliers pour les États africains ; si la Fédération des Etats-unis d'Afrique se mettait en place ?

## 1) Le passeport Panafricain unique pour tous

Le Passeport Panafricain implique une même et unique nationalité pour tous les Africains. Ce n'est pas une mauvaise chose. Mais en arrière-plan, ce qui se dessine, c'est que tout/e Africain/e peut se porter candidat/e à n'importe quelle élection, et dans n'importe qu'elle pays Africain où, il n'est pas autochtone !
Par exemple, quelqu'un peut quitter son pays natal en Afrique Australe, en Afrique Centrale, en Afrique de l'Est, en Afrique de l'Ouest, en Afrique du Nord, pour aller se porter candidat et se faire élire dans un pays et une sous-région qui ne sont pas les siens à l'origine !
Et c'est à ce niveau que la pilule sera très amère à avaler !

## 2) La monnaie unique

Le 9e Congrès panafricain qui s'est tenu à Lomé, au Togo, du 8 au 12 décembre 2025 a adopté une monnaie unique pour tout le continent africain. N'étant pas une spécialiste en finances, je n'y vois que des avantages. Cela faciliterait les échanges entres les pays et les peuples africains.

## 3) La famille

Le 9e Congrès panafricain qui s'est tenu à Lomé, au Togo, du 8 au 12 décembre 2025 inscrit la famille comme pilier de la Fédération des États-Unis d'Afrique naissante. Par famille, il convient de prendre en compte les politiques matrimoniales : la législation sur le mariage, le nombre d'enfants à avoir...etc. Et c'est à ce niveau que l'Afrique devrait s'interroger.
- La Fédération des États-Unis d'Afrique peut légaliser l'Homosexualité et le mariage homosexuel. L'Afrique noire est-elle prête à l'accepter ?

- La Fédération des États-Unis d'Afrique peut limiter les naissances en imposant un nombre d'enfants à chaque femme en vue de réduire la démographie africaine décrite comme galopante. L'Afrique noire est-elle prête à l'accepter ?

Dans un contexte d'ultralibéralisme avec les privatisations abusives et les restrictions budgétaires, d'austérité budgétaire, l'Afrique noire est-elle prête à accepter des politiques natalistes basés sur des plannings familiaux qui réduiraient sa population globale ?

## 4) L'école

Le 9e Congrès panafricain qui s'est tenu à Lomé, au Togo, du 8 au 12 décembre 2025 inscrit l'École comme pilier de la Fédération des États-Unis d'Afrique naissante.
Cela veut dire que la Fédération pourra définir les programmes d'études, le contenu des enseignements à dispenser, le nombre d'enfants par classe, le nombre d'enfants à scolariser annuellement, le nombre d'enseignants à recruter chaque année, ainsi que le salaire de ces derniers.

Dans un contexte d'ultralibéralisme avec les privatisations abusives, des restrictions budgétaires et d'austérité budgétaire, l'Afrique noire est-elle prête à accepter des politiques publiques invoquant des coûts exorbitants de la scolarité ; pour empêcher la scolarisation des enfants, supprimer des bourses d'études ; réduire le financement de la recherche ; réduire le nombre des enseignants ...etc. ?

## 5) La santé

Le 9e Congrès panafricain qui s'est tenu à Lomé, au Togo, du 8 au 12 décembre 2025 inscrit la santé parmi ses piliers. Cela veut dire que c'est la Fédération des États-Unis d'Afrique qui gérera le domaine de la santé publique en Afrique !
C'est la Fédération des États-Unis d'Afrique qui aura en charge le domaine sanitaire de tous les Africains ! C'est la Fédération des États-Unis d'Afrique qui gérera le domaine pharmaceutique dans toute l'Afrique ! C'est elle, avec le lobby pharmaceutique qui définiront les vaccins, les médicaments que l'on doit administrer aux peuples africains ! Et en l'espèce, il s'agit des bons comme les mauvais médicaments, les bons comme les mauvais vaccins. L'Afrique y a-t-elle pensé ?

## 6) La prison

Le 9e Congrès panafricain qui s'est tenu à Lomé, au Togo, du 8 au 12 décembre 2025 inscrit la santé prison parmi ses piliers. Cela veut dire qu'on est dans le domaine de la justice. L'Afrique le sait-elle ?

Étant dans le domaine de la justice, c'est la Fédération des États-Unis d'Afrique qui écrira les lois pénales, c'est elle qui décidera de qui doit être en prison, et de qui doit être libre ! Ce sera l'occasion rêvée de transformer le continent africain en Cour Pénale Internationale, en Tribunal Pénal International, et en Prison de la « Haye » !

Les dociles seront libres même en cas d'infractions graves. Ceux qui sont jugés téméraires et rebelles seront mis en prison par la Fédération des États-Unis d'Afrique ! Les États africains n'auront plus le pouvoir de poursuivre, de juger et d'emprisonner les délinquants. C'est la Fédération des États-Unis d'Afrique qui s'occupera désormais des renégats.

L'Afrique le sait-elle ?

## Conclusion partielle

Après avoir examiné et réfléchi sur tous les points développés dans ce chapitre, je combats résolument la Fédération des États-Unis d'Afrique. Je m'opposerai de toutes mes forces à la Fédération des États-Unis d'Afrique. Je serai toujours et définitivement en faveur d'une Confédération des États d'Afrique car une Confédération des États protège et sauvegarde la souveraineté nationale des États. Là, où, la Fédération des États annihile et détruit les souverainetés nationales, pour assujettir et esclavagiser les États, les pays, les peuples et les citoyens africains.

Par-dessus tout, l'intention clairement affichée derrière la Fédération des États-Unis d'Afrique, c'est le contrôle des ressources minières d'Afrique !

En pleine insécurité en Afrique, avec les guerres dans la région des Lacs (à l'Est de la République Démocratique du Congo), au Soudan, sans oublier le Djihadisme et le terrorisme au Sahel, au Nigeria, au Cameroun, au Tchad, au Bénin, avec des menaces en Côte d'Ivoire, le 9e Congrès panafricain qui s'est tenu à Lomé, au Togo, du 8 au 12 décembre 2025 n'a curieusement pas mentionné la Défense et la Sécurité parmi les piliers voire l'agenda de la future Fédération des Etats-Unis d'Afrique apparemment en germination. Ceci est très étonnant !
Le continent africain a besoin Défense, il a besoin de sécurité. Curieusement, personne n'en a parlé au 9e Congrès panafricain qui s'est tenu à Lomé, au Togo, du 8 au 12 décembre 2025 .

Ahurissant, étonnant, surprenant, stupéfiant !

Comme foi, les Fédéralistes Africains n'ont qu'une préoccupation : le contrôle des ressources minières africaines pour se les partager avec leurs copains impérialistes. Qui vivra, verra !

Pour tout dire, et en ce qui me concerne, en lieu et place d'un Panafricanisme politique, je suis plutôt favorable à un Panafricanisme culturel. Dans cette perspective, je rejette un État Fédéral Africain voire une Fédération des États-Unis d'Afrique à caractère géographique et continentale qui confinerait le Panafricanisme dans les frontières continentales africaines, excluant toutes les diasporas africaines anciennes et récentes, d'Asie, d'Amérique, d'Europe et de l'Océanie (Pacifique).
Pour ma part, dans ce monde multipolaire, je propose l'UPACEB : l'Union des Peuples Africains de Civilisations Ebènes, que je considère comme le seul vrai grand ensemble, capable de rassembler et d'unir panafricainement, les filles et fils d'Afrique répandus sur la planète entière, et vivant sur les cinq continents, à commencer par l'Afrique et le Grand Triangle de l'Esclavage : Europe-Afrique-Amérique.

# Conclusion générale magistrale

Au terme de cette réflexion, une évidence s'impose : les formes d'union d'États ne relèvent ni de simples constructions juridiques ni de choix institutionnels contingents. Elles expriment, en profondeur, une certaine conception du politique, de la souveraineté et du destin collectif.

L'opposition classique entre fédération et confédération, longtemps érigée en grille de lecture dominante, apparaît désormais insuffisante pour penser les recompositions contemporaines. Loin d'être des catégories figées, ces formes doivent être appréhendées comme les pôles d'un continuum dynamique, traversé par des tensions, des transitions et des hybridations.

La fédération incarne la logique de l'intégration : elle organise la convergence des volontés politiques dans une structure unifiée, capable d'assurer la cohérence, la stabilité et l'efficacité. La confédération, quant à elle, exprime la logique de la coopération : elle préserve la souveraineté des États tout en instituant un cadre commun d'action. Entre ces deux modèles se déploie une pluralité de configurations intermédiaires, révélatrices de la complexité du monde contemporain.

Mais au-delà de cette analyse comparative, l'enjeu véritable réside dans la capacité à penser des formes d'union adaptées aux réalités spécifiques des espaces politiques concernés. C'est précisément ici que la panafricanologie apporte une contribution décisive.

En réinterrogeant les fondements mêmes de la souveraineté, en intégrant la dimension historique et diasporique, en postulant l'unité civilisationnelle de l'Afrique, elle propose une relecture profonde des modèles d'union d'États. Elle ne se contente pas de transposer des schémas existants : elle élabore une théorie originale, fondée sur l'idée d'une union graduée des souverainetés, orientée vers la construction d'une puissance politique collective.

Dans cette perspective, l'unité africaine ne relève ni du rêve ni du slogan. Elle s'inscrit dans une nécessité historique, stratégique et existentielle. Fragmentée, l'Afrique subit. Unie, elle agit.

L'histoire des unions d'États montre que les grandes transformations politiques naissent toujours de tensions fécondes : entre autonomie et unité, entre diversité et cohérence, entre héritage et projet. L'Afrique n'échappe pas à cette dialectique. Elle en constitue peut-être aujourd'hui l'un des terrains les plus décisifs.

Ainsi, la question n'est plus de savoir si l'unité est possible, mais comment elle doit être pensée, construite et réalisée.

Penser l'union, c'est penser l'avenir.

Construire l'union, c'est construire la puissance.

Réaliser l'union, c'est entrer dans l'histoire en tant que sujet et non plus comme objet.

Telle est, en définitive, l'ambition de cet ouvrage : contribuer, par la rigueur de l'analyse et la force de la proposition, à l'émergence d'une pensée politique capable d'accompagner les mutations du monde et d'éclairer les chemins de l'unité.

Fédération ou confédération ?

Unité ou souveraineté ?

Intégration ou coopération ?

Depuis des siècles, ces oppositions structurent la pensée politique des unions d'États. Mais sont-elles encore suffisantes pour comprendre le monde d'aujourd'hui ?

Dans cet ouvrage ambitieux et rigoureusement construit, l'autrice propose une relecture profonde des formes d'organisation politique au-delà des modèles classiques. À travers une analyse comparative des fédérations et des confédérations, elle met en lumière leurs logiques, leurs limites et leurs dynamiques d'évolution.

Mais l'originalité de ce livre réside ailleurs.

En développant une véritable théorie panafricanologique des unions d'États, l'autrice dépasse les cadres traditionnels pour proposer une vision nouvelle : celle d'une **union**

**graduée des souverainetés**, adaptée aux réalités historiques, culturelles et géopolitiques de l'Afrique et de ses diasporas.

Entre réflexion académique de haut niveau et projection politique, cet ouvrage ouvre des perspectives inédites :

- une compréhension renouvelée des unions politiques
- une typologie dynamique des modèles d'intégration
- une proposition institutionnelle concrète pour l'avenir

À l'heure où le monde se recompose autour de grands ensembles, une question devient centrale :

**l'Afrique restera-t-elle fragmentée ou deviendra-t-elle une puissance unie ?**

Un livre essentiel pour les chercheurs, les décideurs et tous ceux qui pensent l'avenir du politique à l'échelle continentale et mondiale.

# Table des matières

# Bibliographie (structurée et normalisée)


## I. Ouvrages fondamentaux (théorie politique et fédéralisme)

- Montesquieu, *De l'esprit des lois*, Paris, 1748.
- Jean-Jacques Rousseau, *Du contrat social*, 1762.
- Alexander Hamilton, James Madison, John Jay, *The Federalist Papers*, 1787-1788.
- Alexis de Tocqueville, *De la démocratie en Amérique*, 1835-1840.

## II. Droit constitutionnel et science politique

- Georges Vedel, *Droit constitutionnel*, Paris.
- Maurice Duverger, *Institutions politiques et droit constitutionnel.*
- Olivier Duhamel, *Droit constitutionnel et institutions politiques.*

## III. Fédéralisme et unions d'États

- Daniel J. Elazar, *Exploring Federalism.*
- Ronald Watts, *Comparing Federal Systems.*
- K.C. Wheare, *Federal Government.*

## IV. Intégration régionale et modèles hybrides

- Jean Monnet, *Mémoires.*
- Robert Schuman, *Pour l'Europe.*
- Union européenne, Traités fondateurs.

## V. Panafricanisme et pensée africaine

- Kwame Nkrumah, *Africa Must Unite.*
- Cheikh Anta Diop, *Nations nègres et culture.*
- Frantz Fanon, *Les Damnés de la Terre.*
- Julius Nyerere, *Freedom and Unity.*

## VI. Organisations africaines

- Union africaine, Acte constitutif.
- CEDEAO, Traités et protocoles.

## VII. Approches contemporaines

- Ulrich Beck, *Qu'est-ce que le cosmopolitisme ?*
- Jürgen Habermas, *Après l'État-nation.*

MIX
Papier | Fördert gute Waldnutzung
FSC® C083411

Kolibri 360 GmbH
Ferdinand-Jühlke-Straße 7
99095 Erfurt, Deutschland
produktsicherheit@kolibri360.de

Druck:
CPI Druckdienstleistungen GmbH
im Auftrag der
Kolibri 360 GmbH
Ferdinand-Jühlke-Str. 7
99095 Erfurt